Reinigung durch Diät und Massage

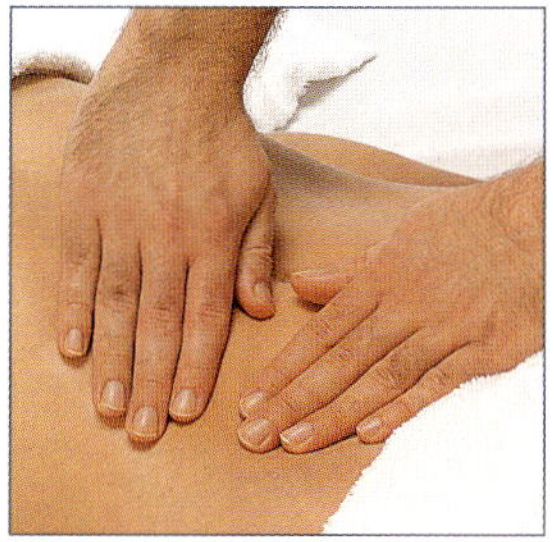

SIEBEN ORGAN- UND GEFÄSS-SYSTEME IM MENSCHLICHEN KÖRPER WIE LEBER, NIEREN, DARM, LUNGE, HAUT, LYMPH-GEFÄSSE UND IMMUNSYSTEM SIND FÜR DIE AUSSCHEIDUNG VON GIFTSTOFFEN VERANTWORTLICH. MIT HILFE VON NATÜRLICHEN METHODEN WIE DIÄT UND MASSAGE REGT UNSER ENTGIFTUNGSPROGRAMM DIESE ORGANE AN, MIT HÖCHSTER WIRKSAMKEIT ZU ARBEITEN.

Ein effektives Entgiftungs- und Entschlackungsprogramm erhöht die Aufnahmebereitschaft gesunder und reduziert jene ungesunder Nahrungsbestandteile. Wählen wir Mahlzeiten, die reich an Mikronährstoffen wie Vitamin C, Cholin, Zink und Selen sind, so unterstützen wir die Leber, den „Hauptentgifter". Essen wir mehr lösliche Fasern, so beschleunigen wir den Abtransport giftiger Ballastoffe durch den Dickdarm. Wasser und Säfte steigern die Nierentätigkeit und helfen beim Ausscheiden von Stoffwechselprodukten. Massage regt unser Immunsystem an, ebenso die Lymphdrainage. Gifte werden über die Haut ausgeschieden. Somit kann sich der Körper umfassend selbst reinigen und regenerieren.

Hilfe zur Selbsthilfe

UNSER KÖRPER IST FÄHIG, MIT DEN GESUNDHEITLICHEN ANFORDERUNGEN DES ALLTAGS FERTIG ZU WERDEN. GREIFEN WIR JEDOCH AUF ANREGUNGSMITTEL WIE KOFFEIN ODER TABAK ZURÜCK, UM UNSERE ENERGIEN AUFRECHTZUERHALTEN, ODER AUF ALKOHOL, UM UNS ZU ENTSPANNEN, SCHÄDIGEN WIR LANGFRISTIG UNSERE GESUNDHEIT: DIE NATÜRLICHE VITALITÄT NIMMT AB. NACH DER ENTGIFTUNGS-KUR WERDEN SIE SICH ABER AUCH OHNE UNGESUNDE HILFSMITTEL STÄRKER UND FITTER FÜHLEN!

Zunächst einmal ist es wichtig festzustellen, ob unsere Ernährungsgewohnheiten oder der individuelle Lebensstil der Gesundheit abträglich sind. Inwieweit arbeitet unser Immunsystem noch zufriedenstellend? Tabak, Alkohol, Koffein; eine Ernährung mit gesättigten Fetten, gering an Fasern und reich an raffiniertem Zucker; unregelmäßige Mahlzeiten, häufiger Schlafmangel und ein stressiges Arbeitspensum können unsere Fähigkeit, giftige Abfallprodukte aus dem Körper auszuscheiden und mit der Giftbelastung der modernen Umwelt fertig zu werden, stark beeinträchtigen. Durch Vollwertnahrung und natürliche Nahrungsergänzung können wir physischen, mentalen, emotionalen und Umweltstress von Grund auf und dauerhaft bewältigen. Um Samuel Hahnemann, den Begründer der Homöopathie, zu zitieren: „Zuerst und vor allem beseitige alle Hemmnisse der Heilung.“

Das Entgiftungs-Programm

NUN BIETET SICH ENDLICH EIN EBENSO EINFACHER WIE WIRKUNGSVOLLER WEG, IHRE GESUNDHEIT UND VITALITÄT ZU STEIGERN. SIE BENÖTIGEN KEINERLEI SPEZIELLES WISSEN, UM IN DEN GENUSS DER HEILSAMEN WIRKUNG DES ENTSCHLACKENS ZU GELANGEN. UNSER PROGRAMM WURDE SO ENTWORFEN, DASS ES JEDEM LEBENSSTIL MÜHELOS ANGEPASST WERDEN KANN. DAS PROGRAMM BEINHALTET ALLES NÖTIGE; SIE SOLLTEN SICH NUR MIT DEN FOLGENDEN SCHRITTEN DARAUF EINSTIMMEN:

(1) Machen Sie sich mit dem Programm vertraut - sehen Sie sich die Massage-Karten an, studieren Sie den Tages-Planer, lassen Sie sich von den Rezepten inspirieren und schnuppern Sie ausgiebig an den ätherischen Ölen!

(2) Lesen Sie auf den ersten 10 Seiten des Buches die Grundlagen des Programms sorgfältig durch.

(3) Beschäftigen Sie sich mit den Ratschlägen auf Seite 11, die Sie auf die Entgiftungsphase vorbereiten.

(4) Sie entscheiden selbst, wann Sie mit der Entgiftung beginnen. Dieser Tag sollte von Verpflichtungen möglichst freigehalten werden.

Das Programm ersetzt nicht die Konsultation eines Arztes oder eine mögliche medizinische Behandlung. Fragen Sie Ihren Arzt, falls Sie gesundheitliche Probleme oder Zweifel haben, ob das Programm für Sie geeignet ist.

Warum der Körper Entgiftung braucht

ES GIBT ZAHLLOSE ANLEITUNGEN ZUR SELBSTHILFE. UNSER PROGRAMM STELLT JEDOCH EINE EINZIGARTIGE, GANZHEITLICHE STRATEGIE ZUR WIEDERERLANGUNG IHRER KÖRPERLICHEN UND GEISTIGEN KRÄFTE DAR. ALLE GROSSEN MEDIZINISCHEN TRADITIONEN DER WELT PROPAGIEREN, DASS DIE LEBENSKRAFT UND FÄHIGKEIT ZUR SELBSTHEILUNG VON UNSERER KRAFT ABHÄNGT, DEN KÖRPER IMMER WIEDER VON GIFTSTOFFEN ZU REINIGEN.

Massage wird seit uralten Zeiten als Heilmethode verwendet. (Persische Miniatur – 15. jahrhundert)

Viele Leiden, darunter Asthma, Bronchitis, Krebs, Herzkranzgefäßerkrankung und hoher Blutdruck hängen unter anderem damit zusammen, dass wir Umweltgiften ausgesetzt sind. Jedes Jahr werden tausende Tonnen von Umweltgiften und Motorabgasen freigesetzt und lagern sich in Wasser und Boden ab. Unsere Leber ist einer großen Menge von Chemikalien wie zum Beispiel Alkohol, Lösungsmitteln, Pestiziden, Herbiziden und Nahrungsmittelzusätzen ausgesetzt. Die Störung der natürlichen Ökologie der Bakterien in unserem Darm durch ballaststoffarme Nahrung steigert die Giftaufnahme im Körper und erzeugt Allergien und Schädigungen des Immunsystems. Bei stark eiweißhaltiger Nahrung müssen unsere Nieren immer mehr giftigen Abfall wie Ammoniak und Harnstoff ausscheiden. Entgiftung ist dringend anzuraten!

Reinigung durch Diät und Massage

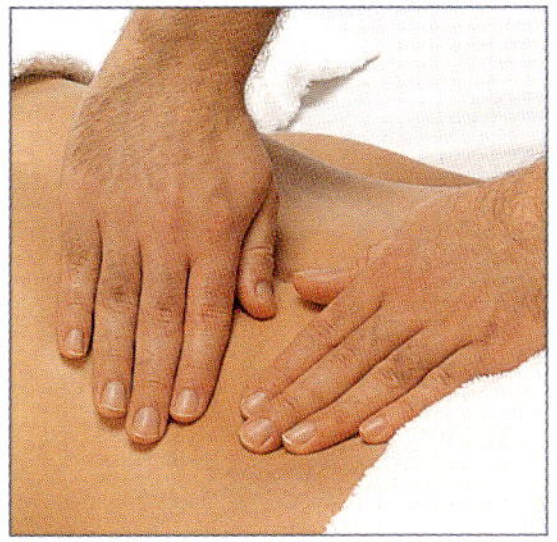

SIEBEN ORGAN- UND GEFÄSSSYSTEME IM MENSCHLICHEN KÖRPER WIE LEBER, NIEREN, DARM, LUNGE, HAUT, LYMPHGEFÄSSE UND IMMUNSYSTEM SIND FÜR DIE AUSSCHEIDUNG VON GIFTSTOFFEN VERANTWORTLICH. MIT HILFE VON NATÜRLICHEN METHODEN WIE DIÄT UND MASSAGE REGT UNSER ENTGIFTUNGSPROGRAMM DIESE ORGANE AN, MIT HÖCHSTER WIRKSAMKEIT ZU ARBEITEN.

Ein effektives Entgiftungs- und Entschlackungsprogramm erhöht die Aufnahmebereitschaft gesunder und reduziert jene ungesunder Nahrungsbestandteile. Wählen wir Mahlzeiten, die reich an Mikronährstoffen wie Vitamin C, Cholin, Zink und Selen sind, so unterstützen wir die Leber, den „Hauptentgifter". Essen wir mehr lösliche Fasern, so beschleunigen wir den Abtransport giftiger Ballastoffe durch den Dickdarm. Wasser und Säfte steigern die Nierentätigkeit und helfen beim Ausscheiden von Stoffwechselprodukten. Massage regt unser Immunsystem an, ebenso die Lymphdrainage. Gifte werden über die Haut ausgeschieden. Somit kann sich der Körper umfassend selbst reinigen und regenerieren.

Hilfe zur Selbsthilfe

UNSER KÖRPER IST FÄHIG, MIT DEN GESUNDHEITLICHEN ANFORDERUNGEN DES ALLTAGS FERTIG ZU WERDEN. GREIFEN WIR JEDOCH AUF ANREGUNGSMITTEL WIE KOFFEIN ODER TABAK ZURÜCK, UM UNSERE ENERGIEN AUFRECHTZUERHALTEN, ODER AUF ALKOHOL, UM UNS ZU ENTSPANNEN, SCHÄDIGEN WIR LANGFRISTIG UNSERE GESUNDHEIT: DIE NATÜRLICHE VITALITÄT NIMMT AB. NACH DER ENTGIFTUNGS-KUR WERDEN SIE SICH ABER AUCH OHNE UNGESUNDE HILFSMITTEL STÄRKER UND FITTER FÜHLEN!

Zunächst einmal ist es wichtig festzustellen, ob unsere Ernährungsgewohnheiten oder der individuelle Lebensstil der Gesundheit abträglich sind. Inwieweit arbeitet unser Immunsystem noch zufriedenstellend? Tabak, Alkohol, Koffein; eine Ernährung mit gesättigten Fetten, gering an Fasern und reich an raffiniertem Zucker; unregelmäßige Mahlzeiten, häufiger Schlafmangel und ein stressiges Arbeitspensum können unsere Fähigkeit, giftige Abfallprodukte aus dem Körper auszuscheiden und mit der Giftbelastung der modernen Umwelt fertig zu werden, stark beeinträchtigen. Durch Vollwertnahrung und natürliche Nahrungsergänzung können wir physischen, mentalen, emotionalen und Umweltstress von Grund auf und dauerhaft bewältigen. Um Samuel Hahnemann, den Begründer der Homöopathie, zu zitieren: „Zuerst und vor allem beseitige alle Hemmnisse der Heilung."

Die Bedeutung der Massage

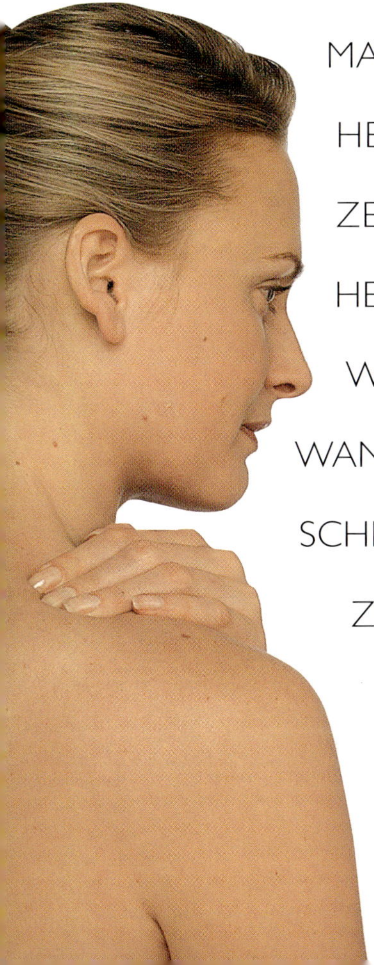

MASSAGE IST EINE DER ÄLTESTEN HEILKÜNSTE. INSTINKTIV BENUTZEN WIR BERÜHRUNG, UM ZU HEILEN UND ZU BERUHIGEN. WELTWEIT WIRD MASSAGE ANGEWANDT, UM MUSKELN ZU STÄRKEN, SCHMERZ ZU LINDERN, SPANNUNG ZU LÖSEN, STRESS ZU BEKÄMPFEN UND SCHÖNHEIT ZU FÖRDERN. MASSAGE BESITZT VIELFÄLTIGE WOHLTUENDE WIRKUNGEN.

Haut: Massage steigert die Durchblutung; regt die Zellerneuerung an; steigert den Talgfluss und macht die Haut geschmeidiger; fördert die Transpiration.

Herz und Kreislauf: Massage steigert die Sauerstoffzufuhr zum Gewebe; reduziert die „Zähflüssigkeit" des Blutes; senkt den Blutdruck.

Lymphgefäße: Massage regt den Fluss der Lymphe zu den Lymphknoten an, wo die Zellen des Immunsystems zur Zerstörung giftiger Schadstoffe konzentriert sind.

Nervensystem: Massage beruhigt und entspannt, schafft Wohlgefühl; steigert Energie und Körperbewusstsein.

Verdauung: Massage stimuliert die Ausscheidungsbewegung des Dickdarms; hilft bei Verstopfung und Blähungen.

Muskeln und Gelenke: Massage hilft, Abfallprodukte aus müden Muskeln fortzuschaffen; sie verbessert die Beweglichkeit, die Gelenkigkeit und die Haltung.

Ätherische Öle und ihre Verwendung

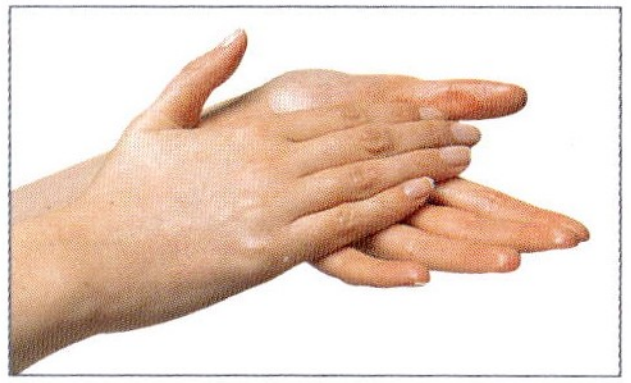

ÄTHERISCHE ÖLE SIND NATÜRLICHE PFLANZENÖLE AUS BLÜTEN, FRÜCHTEN, BEEREN, BLÄTTERN UND WURZELN. SIE SIND KRAFTVOLLE GESUNDHEITSFÖRDERER UND KÖNNEN IN BÄDERN UND INHALATIONEN, ALS PARFÜMS UND IN MASSAGEÖLEN VERWENDET WERDEN, UM KÖRPER UND GEIST ZU ENTSPANNEN, ZU BELEBEN UND ZU VERJÜNGEN. DIE MEISTEN ÖLE SIND UNGIFTIG, DOCH ALLE SIND HOCHKONZENTRIERT - GEHEN SIE VORSICHTIG DAMIT UM.

- Ätherische Öle nie direkt auf die Haut auftragen, stets mit Basisölen wie Traubenkern- oder Süßmandeöl verdünnen.
- Ätherische Öle nie einnehmen.
- Vor der Massage ein paar Tropfen der verdünnten Mischung auf das Handgelenk geben, eine Stunde warten und prüfen, ob Hautreizungen auftreten.
- Treten bei oder nach einer Massage unangenehme Reaktionen auf, verwenden Sie das Öl keinesfalls weiter.
- Außer Reichweite von Kindern aufbewahren!
- Falls Sie ein ernstes Leiden haben oder Medikamente einnehmen, fragen Sie Ihren Arzt, ehe Sie ätherische Öle benützen.
- Verdünnt, nach Vorschrift benützt, sind die Öle in dieser Packung auch bei Schwangerschaft oder Bluthochdruck geeignet.

Lavendel *lavandula officinalis*

LAVENDEL IST DAS VIELLEICHT NÜTZLICHSTE ÄTHERISCHE ÖL. ES ENTSPANNT, BELEBT UND IST IN JEDEM ALTER ANWENDBAR. SCHON IM ALTEN ROM SCHÄTZTE MAN SEINE HEILKRAFT. AUS DEM MITTELMEERRAUM STAMMEND, WIRD LAVENDEL HEUTE WELTWEIT ANGEBAUT.

Lavendel ist ideal zur Entgiftung. Er löst Stress, nervöse Spannung und Schlaflosigkeit, lindert Kopfschmerz und Depression und wirkt antiseptisch und entzündungshemmend. Auch bei Wunden, Verbrennungen, Insektenstichen und kleineren Hautproblemen ist er hilfreich, ebenso bei Menstruationskrämpfen, leichten Verdauungsstörungen und niedrigem Blutdruck. Lavendel verbindet sich gut mit den meisten anderen ätherischen Ölen, besonders mit Rosenholz, Majoran, Rosmarin und Grapefruit.

Grapefruit *citrus paradisi*

GRAPEFRUITÖL REGULIERT SEHR SCHONEND DIE VERDAUUNG UND BELEBT DIE FUNKTION VON LEBER UND GALLENBLASE. AUCH EIGNET ES SICH ZUR LINDERUNG VON STRESS. ES WIRD AUS DEN SCHALEN REIFER FRÜCHTE HERGESTELLT. WEGEN SEINES HEITEREN DUFTES UND SEINER KRÄFTIGENDEN EIGENSCHAFTEN WIRD ES IN MASSAGE- UND BADEÖLMISCHUNGEN VERWENDET.

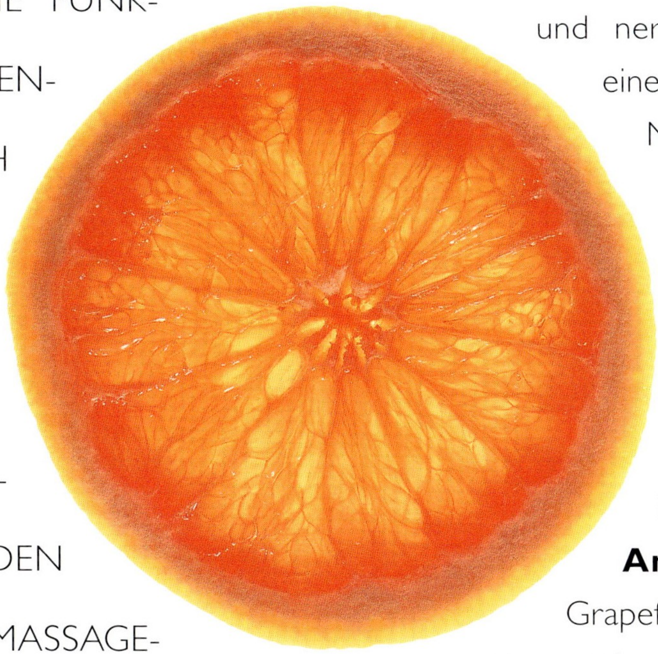

Neben der wohltuenden Wirkung auf Leber und Fettstoffwechsel mildert das Grapefruitöl Darmträgheit und nervöse Magenbeschwerden und zügelt einen allzu großen Appetit! Seine erhebende Natur bringt geistige Klarheit, lindert Ärger und Schuldgefühle und stärkt das Selbstvertrauen. Auch bei Erkältungen und Grippe hat es sich bewährt. Grapefruitöl wirkt adstringierend und antiseptisch und hilft bei fettiger Haut, Akne und anderen leichteren Hautproblemen.

Anmerkung: Einmal geöffnet, behält Grapefruitöl seinen Duft und seine Heilwirkung etwa sechs Monate. Benutzen Sie das Öl nicht, so achten Sie darauf, dass der Behälter fest verschlossen ist.

Weitere ätherische Öle

DAS LAVENDEL- UND GRAPEFRUITÖL UNSERER ENTGIFTUNGS-KUR SIND WIRKSAME REINIGUNGS-HILFEN. MAN KANN ABER NOCH VIELE WEITERE ÖLE ZUR HEILUNG UND REINIGUNG DES KÖRPERS VERWENDEN. DIE HIER VORGESCHLA-GENEN ÖLE SIND IN APOTHE-KEN UND FACHGESCHÄFTEN ERHÄLTLICH. BEACHTEN SIE JEDOCH VOR DER ANWEN-DUNG DIE HINWEISE AUF DEN ETIKETTEN.

Zitronengrasöl reduziert Stress und lindert Erschöpfung. Sein kräftigender, erfrischender Duft macht es in einer Duftlampe zum idealen natürlichen Luftreiniger. Rosenholzöl ist ein leichtes Stimulans, das das Immunsystem anregt, die Haut besänftigt und die Nerven beruhigt. Seine erbauende Wirkung hilft bei Spannungskopfschmerz und steigert die Konzentration. Auch Kiefernöl belebt ein müdes Nervensystem. Es ist antiseptisch, wirkt bei Verstopfung und kann in Massagemischungen, Badeölen und für Inhalationen verwendet werden. Kiefernöl ist hilfreich bei Atemwegs- und Harnwegsinfektionen, auch die Symptome von Heuschnupfen lindert es. Majoranöl schließlich entspannt, lindert Angst und Schlaflosigkeit und hilft bei Muskelschmerzen. Auf den Bauch massiert, kann es Regelschmerzen lindern helfen.

Die Entgiftungs-Diät

REINIGUNG BEDEUTET KEINESFALLS HUNGERN. OBWOHL FASTEN VIELE VORTEILE HAT, ENTGIFTET AUCH KÖSTLICHES. WENN WIR BEI UNSERER NAHRUNGSAUSWAHL NUR EINIGE EINFACHE PRINZIPIEN BERÜCKSICHTIGEN, BESEITIGEN WIR GIFTE AUS UNSEREM KÖRPER UND NEHMEN ZUGLEICH NÄHRSTOFFE AUF, DIE UNSERE GESUNDHEIT LANGFRISTIG BEWAHREN.

Organisch essen: Organische Produkte belasten uns weniger mit Lebensmittel-Chemikalien und Umweltgiften.

Ballaststoffreicher essen: Die Ballaststoffe von Obst und Gemüse verbessern unseren Fett- und Zuckerstoffwechsel und schützen uns vor Krebs, Herzkranzgefäßerkrankungen und Darmproblemen.

Weniger gesättigte Fette essen: Mehrfach ungesättigte Fettsäuren reduzieren das Blutcholesterin und halten Herz und Blutgefäße in guter Verfassung.

Mehr Antioxydantien essen: Nahrung, die reich an Vitamin A, C und E und Selen und Zink ist, regt unser natürliches Entgiftungssystem an und hilft freie Radikale zu beseitigen, die Körperzellen schädigen.

Was vor der Entgiftung zu beachten ist

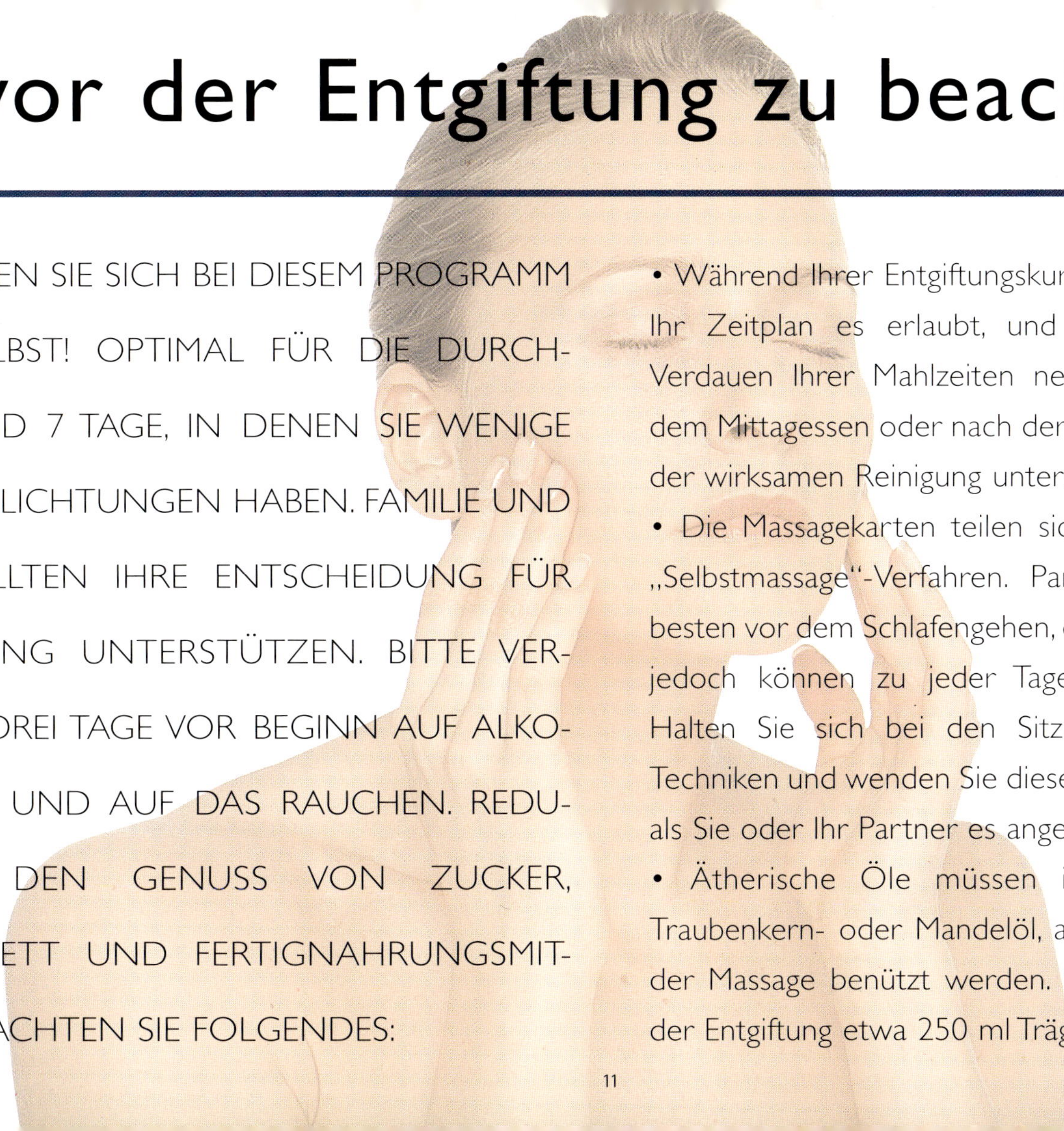

KONZENTRIEREN SIE SICH BEI DIESEM PROGRAMM AUF SICH SELBST! OPTIMAL FÜR DIE DURCHFÜHRUNG SIND 7 TAGE, IN DENEN SIE WENIGE SOZIALE VERPFLICHTUNGEN HABEN. FAMILIE UND FREUNDE SOLLTEN IHRE ENTSCHEIDUNG FÜR EINE REINIGUNG UNTERSTÜTZEN. BITTE VERZICHTEN SIE DREI TAGE VOR BEGINN AUF ALKOHOL, KOFFEIN UND AUF DAS RAUCHEN. REDUZIEREN SIE DEN GENUSS VON ZUCKER, TIERISCHEM FETT UND FERTIGNAHRUNGSMITTELN UND BEACHTEN SIE FOLGENDES:

- Während Ihrer Entgiftungskur sollten Sie soviel ruhen, wie Ihr Zeitplan es erlaubt, und sich Zeit zum Essen und Verdauen Ihrer Mahlzeiten nehmen. Ein Nickerchen nach dem Mittagessen oder nach der Arbeit wird Ihren Körper bei der wirksamen Reinigung unterstützen.
- Die Massagekarten teilen sich in „Partnermassage"- und „Selbstmassage"-Verfahren. Partnermassage geschieht am besten vor dem Schlafengehen, die Selbstmassage-Sequenzen jedoch können zu jeder Tageszeit durchgeführt werden. Halten Sie sich bei den Sitzungen an die angegebenen Techniken und wenden Sie diese stets sanft und nie länger an, als Sie oder Ihr Partner es angenehm finden.
- Ätherische Öle müssen in einem „Trägeröl", etwa Traubenkern- oder Mandelöl, aufgelöst werden, ehe sie bei der Massage benützt werden. Sie benötigen für die Dauer der Entgiftung etwa 250 ml Trägeröl.

Frühstück 1
Porridge mit Nüssen und Apfel

Zutaten für eine reichliche Portion

4 Esslöffel Haferflocken
1 Esslöffel gehackte Paranüsse und Pinienkerne
1 Teelöffel Sonnenblumenkerne
1 Teelöffel Rosinen
eine Prise nicht raffiniertes Meersalz
$^1/_2$ Apfel, gerieben
Ahornsirup nach Geschmack
Sojamilch nach Geschmack

Zubereitung

1. Haferflocken mit den Nüssen, Sonnenblumenkernen und Rosinen in einen kleinen Topf geben.
2. Doppelt soviel kaltes Wasser hinzufügen (nach Geschmack mit etwas nicht raffiniertem Meersalz).
3. Zum Kochen bringen.
4. Vorsichtig rühren, bis sich die Flocken verdicken (eventuell von Zeit zu Zeit etwas kalte Sojamilch dazugeben, damit der Porridge nicht anbrennt).
5. Mit geriebenem Apfel, einem Schuss Ahornsirup und Sojamilch nach Geschmack servieren.

Ballaststoffanteil:	✪✪✪✪✪
Reinigungsfaktor:	✦✦✦✦

Frühstück 2
Exotischer Fruchtsalat

Zutaten für eine reichliche Portion

$^1/_2$ Guajave, geschält und gewürfelt
1 Pfirsich, entkernt und geschnitten
5 Weintrauben, halbiert
1 Esslöffel Brombeeren
$^1/_2$ Apfel, in Stücke geschnitten
1 kleine Banane in Scheiben
1 Esslöffel Kokosraspeln (wenn möglich frisch gerieben)
5 Esslöffel ungesüßter Fruchtsaft
Weizenkeimflocken nach Geschmack

Zubereitung

1. Früchte und Kokosraspeln in einer Schüssel vermengen.
2. Fruchtsaft hinzufügen, mit Weizenkeimflocken bestreuen und servieren.

Ballaststoffanteil:	✪✪✪✪✪
Reinigungsfaktor:	✦✦✦✦

Saft 6
Symphonie in C

1 Portion

2 reife Birnen, entkernt
100 g schwarze Johannisbeeren
1 Esslöffel Ahornsirup
eine Prise fein geriebene Muskatnuss

Zubereitung

1. Birnen und Johannisbeeren entsaften.
2. Ahornsirup beigeben, verrühren und mit Muskat würzen.

Ballaststoffanteil:	✪✪✪✪
Reinigungsfaktor:	✦✦✦

Mittagessen 6

Salat mit Tempeh

Zutaten für eine reichliche Portion

eine Handvoll fester Kopfsalat-Streifen
eine Handvoll Chinakohl in Streifen
1/2 Chicorée, in Streifen geschnitten
1 Apfel, kleingewürfelt
1 Esslöffel Paranüsse, gehackt
1 Esslöffel Pinienkerne, gehackt
2 Streifen Tempeh
Sojasoße

für das Dressing:
1 Teelöffel Zitronensaft
1 Teelöffel Sesamöl
1 Teelöffel Saflorοl
nicht raffiniertes Meersalz und Pfeffer

Zubereitung

1. Kopfsalat, Chinakohl, Endivie und Apfel in einer Salatschüssel vermengen.
2. Nüsse in einer trockenen Bratpfanne rösten und dem Salat beigeben.
3. Tempeh in wenig Olivenöl goldgelb sautieren, vom Herd nehmen und mit etwas Sojasoße besprenkeln.
4. Streifen öfter wenden, ehe man sie aus der Pfanne nimmt. Dann in Stücke schneiden und zum Salat geben.
5. Zitronensaft und Öle vermengen, nach Geschmack salzen und pfeffern, über den Salat gießen und mit Vollkorn-Knoblauchcroutons servieren.

Ballaststoffanteil:	✪✪✪✪✪
Reinigungsfaktor:	✦✦✦✦✦

Saft 5
Sommer-Schatten

1 Portion

1 Stange Sellerie
$\frac{1}{2}$ Gurke
einige Salatblätter
eine Prise nicht raffiniertes Meersalz

Zubereitung

1. Das Gemüse entsaften.
2. Nicht raffiniertes Meersalz beigeben und sofort servieren.

Ballaststoffanteil:	✪✪✪
Reinigungsfaktor:	✦✦✦

Mittagessen 5
Spinatcremesuppe

Zutaten für eine reichliche Portion

125 g frischer Spinat, gehackt (oder 100 g Tiefkühlspinat)
2 mittlere Kartoffeln, geviertelt
500 ml Gemüsebrühe
1/2 Zwiebel, gehackt
1 Knoblauchzehe, zerstoßen
einige Blätter frisches Basilikum (oder 1/2 Teelöffel getrocknetes)
etwas frische Petersilie
nicht raffiniertes Meersalz und Pfeffer
Sojamilch (nach Belieben)

Zubereitung

1. Alle Zutaten außer der Sojamilch in einen Topf geben.
2. Zum Kochen bringen und dann köcheln lassen bis die Kartoffeln weich sind (etwa 15–20 Minuten).
3. Zu einer glatten Konsistenz verrühren, dann im Topf wieder erwärmen, doch nicht kochen lassen.
4. Etwas Sojamilch (oder Wasser) für die richtige Konsistenz beigeben.
5. Eventuell nachwürzen und mit Vielkorn-Knäckebrot servieren.

Ballaststoffanteil:	✪✪✪✪
Reinigungsfaktor:	✦✦✦

Saft 4
Erste Klasse

1 Portion

1 Rote Rübe
2 Karotten
1 Stange Sellerie
1/4 Zitrone, geschält
nicht raffiniertes Meersalz und Pfeffer

Zubereitung
1. Gemüse und Zitrone entsaften.
2. Nach Geschmack nicht raffiniertes Meersalz und Pfeffer beifügen.

Ballaststoffanteil:	✪✪✪✪
Reinigungsfaktor:	✦✦✦✦

Mittagessen 4

Gemischter Rohkost-Salat mit Zuckermais

Zutaten für eine reichliche Portion

1 Karotte, in dünnen Streifen
¼ Gurke, in dünnen Streifen
1 Frühlingszwiebel, feingehackt
eine Handvoll Eichblattsalat, geschnitten
1 Stange Sellerie, in feinen Scheiben
1 frischer Maiskolben, geschält
5 frische grüne Bohnen, im ganzen
4–5 Paranüsse, gehackt
Für das Dressing:
1 Teelöffel Zitronensaft
¼ Teelöffel Senfpulver
¼ Teelöffel Gelbwurz
½ Teelöffel Ahornsirup
1 Esslöffel Sonnenblumenöl
nicht raffiniertes Meersalz und Pfeffer

Zubereitung

1. Karotte, Gurke, Frühlingszwiebel, Eichblattsalat und Sellerie in einer Salatschüssel vermengen.
2. Die Maiskörner vom Kolben entfernen, indem man ihn aufstellt und mit einem scharfen Messer so nah wie möglich am Kolben längsseitig und ringsum einschneidet.
3. Maiskörner und grüne Bohnen einige Minuten lang leicht dämpfen, dann zu den anderen Zutaten geben.
4. Die Zutaten des Dressings vermengen und mit den Gewürzen abschmecken.
5. Dressing über den Salat gießen und mit gehackten Paranüssen garnieren.

Ballaststoffanteil:	✪✪✪✪
Reinigungsfaktor:	✦✦✦✦✦

Saft 3
Pfirsich-Muskateller

1 Portion

2 Pfirsiche, entkernt
1 kleine weiße Weintraube, kernlos
1 Teelöffel Ahornsirup

Zubereitung

1. Trauben und Pfirsiche entsaften.
2. Ahornsirup hinzufügen und mit einer Gabel mischen.
3. Mit viel Eis servieren.

Ballaststoffanteil:	✪✪✪
Reinigungsfaktor:	✦✦✦

Mittagessen 3

Artischocken mit Tahini-Senf-Dressing

Zutaten für eine reichliche Portion

1 Artischocke
1 Esslöffel Zitronensaft
1/2 Teelöffel Tahini
1/2 Teelöffel französischer Senf
1/2 Teelöffel Ahornsirupp
2–3 Esslöffel unbehandeltes Olivenöl
nicht raffiniertes Meersalz und Pfeffer

Zubereitung

1. Reichlich Wasser in einen Topf füllen. Etwas Meersalz und Olivenöl beigeben und zum Kochen bringen.
2. Den Stengel der Artischocke abschneiden und sie der Länge nach halbieren.
3. Jede Hälfte mit einem kleinen scharfen Messer unter dem „Kragen" einschneiden, diesen entfernen.
4. Die Hälften mit kaltem Wasser abspülen, ins kochende Wasser legen und etwa 25–30 Minuten kochen.
5. Inzwischen Zitronensaft, Tahini, Senf und Ahornsirup in eine kleine Schüssel geben. Mit einer Gabel schlagen und dabei langsam das Öl beifügen, so dass ein glattes, dickes Dressing entsteht.
6. Meersalz und Pfeffer beigeben.
7. Prüfen, ob das Artischockenherz weich ist, dann mit dem Dressing und Walnussbrot servieren.

Ballaststoffanteil:	✪✪✪
Reinigungsfaktor:	✦✦✦

Saft 2
Obstgarten

1 Portion

1 Apfel, entkernt
200 g Brombeeren
1 Teelöffel klarer Honig
ein Minzblättchen

Zubereitung

1. Früchte auspressen und gemeinsam mit dem Honig in einen Cocktail-Shaker geben.
2. Mixen, bis sich der Honig auflöst.
3. Kalt servieren, garniert mit einem Minzblättchen.

Ballaststoffanteil:	✪✪✪✪
Reinigungsfaktor:	✦✦✦

Mittagessen 2

Rote Rüben-Salat mit Zimt-Orangen-Dressing

Zutaten für eine reichliche Portion

1 kleine Rote Rübe, gerieben
1 Frühlingszwiebel, gehackt
1 Chicorée, fein geschnitten
etwas Brunnenkresse, gehackt
1 Apfel, gerieben
einige Blätter frischer Minze, gehackt
2 Esslöffel Orangensaft
eine Prise Zimt
1 Esslöffel Walnussöl
nicht raffiniertes Meersalz und Pfeffer

Ballaststoffanteil:	✪✪✪✪
Reinigungsfaktor:	✦✦✦

Zubereitung

1. Rote Rübe, Zwiebel, Chicorée, Brunnenkresse und Apfel vermischen.
2. Mit frischer Minze, Orangensaft, Zimt und Walnussöl beträufeln.
3. Salzen und pfeffern.
4. Mit viel frischem Vollkornbrot servieren.

Saft 1

Tropicana

Eine Portion

100 ml Kokosmilch
1 Banane, geschält
1 Guajave, geschält
eine Prise frisch geriebener Ingwer
eine Prise Muskat
eine Prise Zimt

Zubereitung

1. Alle Zutaten außer dem Zimt mixen.
2. Mit Zimt bestreuen und sofort servieren.

Ballaststoffanteil:	✪✪✪
Reinigungsfaktor:	✦✦✦

Mittagessen 1

Reissalat mit Karotte und Kokosnuss

Zutaten für eine reichliche Portion

50 g Vollreis (Trockengewicht)
1/2 Karotte, gerieben
1 Esslöffel Kokosnuss, getrocknet
oder frisch geraspelt
3 Datteln, gehackt
6 kleine Blumenkohlröschen
3 Radieschen in Scheiben
1/2 Avocado, geschält und gewürfelt
etwas feingehackter Schnittlauch
1 Teelöffel Zitronensaft
1 Eßlöffel Pinienkerne, geröstet
nicht raffiniertes Meersalz und Pfeffer

Zubereitung

1. Den Reis mit der doppelten Menge leicht gesalzenen Wassers zum Kochen bringen.
2. 30–40 Minuten köcheln lassen.
3. Den Reis auskühlen lassen und in eine Salatschüssel geben.
4. Die restlichen Zutaten außer den Pinienkernen dazugeben und vermischen.
5. Die Pinienkerne einige Minuten lang in einer trockenen Bratpfanne rösten.
6. Pinienkerne über den Salat streuen und servieren.

Ballaststoffanteil:	✪✪✪✪✪
Reinigungsfaktor:	✦✦✦✦

Imbiss 6
Apfel-Rosinen-Flocken

Zutaten für eine reichliche Portion

1 Apfel, feingehackt
eine Handvoll Rosinen
eine Handvoll Vollwertflocken, geröstet

Zubereitung
Zutaten für einen rasch zubereiteten Imbiss in einer Schüssel vermengen.

Ballaststoffanteil:	✪✪✪✪✪
Reinigungsfaktor:	✦✦✦

Abendessen 6

Blumenkohl mit Saubohnen

Zutaten für eine reichliche Portion

100 g frische Saubohnen, enthülst
25 g Paranüsse, gehackt
2 Teelöffel Stärkemehl
2 Teelöffel Sesamöl
100 ml Gemüsebrühe
2 Esslöffel unbehandeltes Olivenöl
1 Knoblauchzehe, zerdrückt
ein 2½ cm-Stück frischer Ingwer, geschält und feingehackt
¼ Blumenkohl, in kleinen Röschen
nicht raffiniertes Meersalz und Pfeffer

Zubreitung

1. Saubohnen weich kochen.
2. Nüsse in einer Pfanne rösten.
3. Stärkemehl, Sesamöl und Gemüsebrühe in einer Schale vermengen.
4. Olivenöl im Wok erhitzen und Knoblauch, Ingwer, Blumenkohl, Saubohnen beigeben. Zwei Minuten unter Rühren braten, zwei Esslöffel Wasser zufügen.
5. Abdecken und drei Minuten kochen lassen. Hitze reduzieren, Brühemischung und Nüsse beigeben und gut umrühren.
6. Abschmecken und mit Reis servieren.

Ballaststoffanteil:	✪✪✪✪
Reinigungsfaktor:	✦✦✦

Imbiss 5

Aduki-Apfel-Aprikosen-Schnitten

Zutaten für eine reichliche Portion

50 g Adukibohnen, über Nacht eingeweicht und abgespült
1 kleiner Apfel, geschält und gehackt
1 Teelöffel gemahlener Zimt
1 Esslöffel Ahornsirup
50 g getrocknete, ungeschwefelte Aprikosen, feingehackt
100 g Haferflocken
50 g geschälte Mandeln, gerieben
1 Esslöffel Safloröl
kaltes Wasser

Zubereitung

1. Adukibohnen 30 Minuten lang kochen.
2. Trocknen und zusammen mit Apfel, Zimt und Ahornsirup zerdrücken. Gehackte Aprikosen daruntermischen.
3. In einer anderen Schüssel Haferflocken und Mandeln vermengen. Öl einrühren, etwas Wasser dazutun, so dass die Mischung einen lockeren Teig ergibt.
4. Teig in eine eingeölte 23-cm-Springform geben, obenauf die Aduki-, Apfel- und Aprikosen-Mischung verteilen.
5. Im Backofen bei 190°C 25–30 Minuten lang backen.
6. Abkühlen lassen und in Schnitten schneiden.

Ballaststoffanteil:	✪✪✪✪
Reinigungsfaktor:	✦✦✦✦

Abendessen 5

Chicorée mit Tofu

Zutaten für eine reichliche Portion

2 Köpfe Chicorée, längs halbiert
60 g geräucherter (oder marinierter)
Tofu, in Scheiben geschnitten
1 Teelöffel Sojasoße
ein Spritzer Zitronensaft
ein Schuss Ahornsirup
nicht raffiniertes Meersalz und Pfeffer

Ballaststoffanteil:	✪✪✪✪
Reinigungsfaktor:	✦✦✦

Zubereitung

1. Chicorée in einen Topf geben. Der Boden sollte gerade mit Wasser bedeckt sein.
2. Zum Kochen bringen und dann zusammen mit Tofu-Stücken, Sojasoße, Zitronensaft und Ahornsirup etwa 20 Minuten leicht köcheln lassen. Falls nötig von Zeit zu Zeit etwas Wasser hinzufügen.
3. Mit nicht raffiniertem Meersalz und Pfeffer würzen und mit neuen Kartoffeln und Babykarotten servieren.

Imbiss 4

Dattel-Kokos-Plätzchen

Zutaten für etwa 12 Plätzchen

50 g getrocknete Kokosnuss
50 g Hafermehl
50 g Vollmehl
25 g Walnüsse, feingehackt
50 g Datteln, feingehackt
100 ml kaltes Wasser
1 Esslöffel Ahornsirup
1 Teelöffel Vanille-Essenz

Zubereitung

1. Alle Zutaten in einer Schüssel vermengen.
2. Kaltes Wasser einrühren und einen festen Teig herstellen.
3. Ahornsirup und Vanille-Essenz dazugeben.
4. Mit einem Esslöffel Plätzchen auf ein mit Backpapier belegtes Backblech platzieren.
5. Im Backofen bei 180°C backen, bis sie goldgelb sind. Dies dauert etwa 20 Minuten.

Ballaststoffanteil:	✪✪✪✪✪
Reinigungsfaktor:	✦✦✦

Abendessen 4

Fenchel katalanisch

Zutaten für eine reichliche Portion

250 g Kartoffeln, gewürfelt
1/4 Fenchelknolle, in Scheiben
1/4 Teelöffel Fenchelsamen
100 ml Sojamilch
1/2 rote Zwiebel, in Scheiben
1 dicke Zitronenscheibe
nicht raffiniertes Meersalz und Pfeffer
2 Teelöffel frische Petersilie, gehackt
1 Teelöffel unbehandeltes Olivenöl
2 Teelöffel Weizenmehl

Zubereitung

1. Kartoffeln in Salzwasser ankochen. 50 ml davon für die Brühe wegstellen.
2. Fenchel und Fenchelsamen fünf Minuten in der Sojamilch köcheln. Vom Feuer nehmen, trocknen, Flüssigkeit aufheben.
3. Kartoffeln, Fenchel, Zwiebel und Zitrone in eine feuerfeste, eingefettete Schüssel geben.
4. Würzen und die Hälfte der Petersilie beigeben.
5. Öl in einem Topf erhitzen, Mehl zu einer glatten Schwitze einrühren. Sojamilch und Kartoffelbrühe einrühren bis die Mischung eindickt.
6. Über das Gemüse gießen und 20 Minuten bei 180°C backen.
7. Mit gedämpftem Blumenkohl und Reis garniert mit Petersilie servieren.

Ballaststoffanteil:	✪✪✪
Reinigungsfaktor:	✦✦✦

Imbiss 3
Maisbrot

Zutaten für eine reichliche Portion

Ballaststoffanteil:	✪✪✪✪✪
Reinigungsfaktor:	✦✦✦✦

50 g Maismehl
50 g Vollwertmehl
50 g Hafermehl
150 ml Wasser
1 Esslöffel Saflोröl
2 Esslöffel kaltgefilterter Honig
eine Prise nicht raffiniertes Meersalz

Zubereitung

1. Zutaten in einer Schüssel vermengen.
2. Wasser, Öl, Honig und nicht raffiniertes Meersalz einrühren, so dass ein dicker Schlagteig entsteht.
3. In eine eingefettete 23 cm-Biskuitform füllen.
4. Im vorgeheizten Rohr bei 220° C 20 Minuten lang backen.
5. Danach abkühlen lassen und in Ecken schneiden.
6. Bestrichen mit Honig oder mit eingemachtem Obst servieren.

Abendessen 3

Süßkartoffel mit Shiitake-Pilzen

Zutaten für eine reichliche Portion

1 Stück Kombu
250 ml kaltes Wasser
5 getrocknete Shiitake-Pilze, abgespült
1 Teelöffel unbehandeltes Olivenöl
1 mittlere Süßkartoffel, in Stäbchen geschnitten
1 Teelöffel Sojasoße
1/2 Teelöffel Ahornsirup
1/2 Teelöffel geröstete Sesamkörner

Zubereitung

1. Mit einem feuchten Küchentuch das weiße „Puder“ vom Kombu wischen. In einen Topf mit kaltem Wasser geben und zum Kochen bringen.
2. Vom Herd nehmen, das Kombu herausnehmen. Die Pilze hineingeben und 30 Minuten lang weichen lassen.
3. Pilze herausnehmen und in Scheiben schneiden, die Stengel entfernen. Wasser abseihen, für die Brühe wegstellen.
4. Öl in einem Wok erhitzen, Süßkartoffel zugeben und eine Minute braten. Pilze beigeben, zwei Minuten braten.
5. 100 ml der Brühe dazugeben, dann die Sojasoße und Ahornsirup. Zum Kochen bringen und fünf Minuten köcheln lassen.
6. Mit gerösteten Sesamkörnern bestreuen und mit Nudeln servieren.

Ballaststoffanteil:	✪✪✪
Reinigungsfaktor:	✦✦✦✦

Imbiss 2
Gefüllte Weinblätter

Zutaten für etwa 15 Stück

1 kleines Glas eingelegte Weinblätter

für die Füllung:
250 g gekochter Vollreis
1 Frühlingszwiebel, feingehackt
3 Esslöffel frische Petersilie, gehackt
3 Esslöffel Pinienkerne, zerstoßen
nicht raffiniertes Meersalz und Pfeffer

für das Dressing:
2 Esslöffel unbehandeltes Olivenöl
1 Esslöffel Zitronensaft
1 Teelöffel Ahornsirup
1 Zehe Knoblauch, zerstoßen
nicht raffiniertes Meersalz und Pfeffer
100 ml Wasser

Zubereitung

1. Blätter trennen und abtropfen. In einer Schüssel mit kochendem Wasser übergießen. Trocknen, mit kaltem Wasser spülen.
2. Zutaten der Füllung vermischen.
3. Eine mittlere Kasserolle mit den kleinen, gebrochenen Blättern auslegen, die großen aufheben.
4. Auf letztere, die glatte Seite nach unten, mit einem Löffel die Füllung in der Mitte auftragen. Das Stielende über die Füllung falten, die Seiten einwärts, und das Blatt fest aufrollen.
5. Rollen mit der Naht nach unten in Schichten in die Kasserolle legen.
6. Dressing vermischen, darübergießen.
7. Eine Untertasse auf die Blätter stellen, zum Kochen bringen, bedecken und eine Stunde köcheln lassen.
8. Falls nötig etwas Wasser dazugeben. Abdecken und abkühlen lassen.

Ballaststoffanteil:	✪✪✪✪
Reinigungsfaktor:	✦✦✦

Abendessen 2

Rote Linsen-Topf

Zutaten für eine reichliche Portion

50 g rote Linsen, abgespült mit kaltem Wasser
250 ml Gemüsebrühe
1 kleines Loorbeerblatt
1 cm Zimtstange
2 Teelöffel unbehandeltes Olivenöl
1/4 Teelöffel Gelbwurz
1/4 Teelöffel gerösteter Kreuzkümmel
1 Kardamomschote
ein kleines Quäntchen Teufelsdreck
1 Knoblauchzehe, gehackt
1 Schalotte, in Scheiben
ein Spritzer Zitronensaft
nicht raffiniertes Meersalz

Zubereitung

1. Linsen, Gemüsebrühe, Loorbeer-blatt und Zimtstange in einen Topf geben
2. Zum Kochen bringen und dabei oft umrühren. Dann die Hitze reduzieren und leicht köcheln lassen, dabei falls nötig etwas kaltes Wasser beigeben.
3. Öl in einem Wok erhitzen und Gelbwurz, Kreuzkümmel, Kardamom und Teufelsdreck beifügen.
4. Knoblauch und Schalotte beimengen und unter ständigem Rühren eine Minute rösten.
5. Den Inhalt des Woks zu den köchelnden Linsen geben und weiterkochen, bis die Linsen weich sind.
6. Vom Herd nehmen, einen Spritzer Zitronensaft und etwas Salz beigeben.
7. Abdecken und fünf Minuten ruhen lassen. Servieren mit Vollreis und Limonelle-Pickles.

Ballaststoffanteil:	✪✪✪✪
Reinigungsfaktor:	✦✦✦✦

Imbiss 1
Birne-Grapefruit-Avocado-Salat

Zutaten für eine reichliche Portion

eine Handvoll Blätter Eisbergsalat, in Streifen geschnitten
1/2 Birne, in Scheiben geschnitten
1/2 rote Grapefruit in Spalten
1/2 Avocado, in Scheiben geschnitten

für das Dressing:
1 Teelöffel Zitronensaft
1 Teelöffel französischer Senf
2 Teelöffel Walnussöl
nicht raffiniertes Meersalz und Pfeffer

Zubereitung

1. Den geschnittenen Salat auf einem Servierteller verteilen.
2. Birnen-, Grapefruit- und Avocadospalten abwechselnd auf die Salatblätter legen.
3. Zutaten des Dressings mit einer Gabel in einer Teeschale vermischen.
4. Dressing über den Salat gießen und servieren.

Ballaststoffanteil:	✪✪✪
Reinigungsfaktor:	✦✦✦✦

Abendessen 1

Pasta mit Austernpilzen und Kräutern

Zutaten für eine reichliche Portion

100 g Weizen-Qinóa-Pasta
1 Esslöffel unbehandeltes Olivenöl
1 Knoblauchzehe, gehackt
1 Zwiebel, in Ringe geschnitten
100 g Austernpilze
1 Stange Sellerie, feingehackt
einige Zweige frische Petersilie, Salbei, Rosmarin und Thymian, gehackt
2 Teelöffel Vollweizenmehl
125 ml Gemüsebrühe
1 Teelöffel Sojasoße
ein Spritzer Zitronensaft
nicht raffiniertes Meersalz und Pfeffer

Ballaststoffanteil:	✪✪✪✪✪
Reinigungsfaktor:	✦✦✦✦

Zubereitung

1. Pasta nach den Anweisungen auf der Packung kochen.
2. Öl in einem Wok erhitzen, Knoblauch, Zwiebel beifügen und eine Minute rösten.
3. Pilze und Sellerie dazugeben, weitere zwei Minuten rösten, dann die Kräuter beigeben.
4. Mit Mehl bestäuben und einrühren.
5. Weiter rösten und Brühe, Sojasoße und Zitronensaft beigeben.
6. Mischung binden und eindicken lassen, dann mit Salz und Pfeffer würzen. Mit der abgetropften Pasta servieren.